Lieber Armin –

zu Deinem Geburtstag 1994
von der Gemeinde und von
mir mit lauter guten
Wünschen für gute Zeiten –

Ilsabe (Stolt).

René Leudesdorff

Das Glück der Lebenszeit

Meine Zeit in Gottes Händen

Agentur des Rauhen Hauses Hamburg

Gib mir ein Herz voll Zuversicht,
erfüllt mit Lieb und Ruhe,
ein weises Herz, das seine Pflicht
erkenn und willig tue:

daß ich, dem Nächsten beizustehn
nie Fleiß und Arbeit scheue,
mich gern an andrer Wohlergehn
und ihrer Tugend freue;

daß ich das Glück der Lebenszeit
in deiner Furcht genieße
und meinen Lauf mit Freudigkeit,
wenn du gebeutst, beschließe.

Christian Fürchtegott Gellert 1757

Das Glück der Lebenszeit

Leben ist geschenkte Zeit. Zeit ist geschenktes Leben. Ein kleiner Abschnitt aus der Fülle der Zeit, die bei Gott ist wie die Fülle des Lebens.
Was wir erleben, ist unsere Zeit. Ausgesetzt sind wir ihr wie ein Boot dem Strom: umgeben von ihr – und doch so frei, wie sich der Himmel darüber spannt.
Und jeder spürt: es gibt gewonnene Zeit und verlorene Zeit, erfüllte und verspielte, begonnene und beendete Zeit. Denn sie ist verflochten mit unserem Geschick, so wie das Geschick der anderen Menschen und der ganzen Welt mit unserem Leben. Jeder wünscht sich und anderen: gute Zeit, gesegnete Zeit, glückliche Zeiten – und damit: ein gutes, gesegnetes und glückliches Leben zu führen. Wie kann das gelingen? Gewiß nicht so, wie es meistens geschieht: mit dem angestrengten Blick zur Uhr. Unsere Vorfahren haben uns gelehrt: Das Geheimnis des Glücks ist, sein Leben in der Gegenwart Gottes zu führen. Alles von ihm zu erwarten, das gibt Gelassenheit. Alles ihm zu danken, gibt Großzügigkeit. Alles ihm zu überlassen, gibt Güte.
Zeit für Gott, Zeit für sich, Zeit für den Nächsten zu haben: Uhren, die wir Zeitnehmer nennen, können Hinweise sein auf den großen Zeitgeber unseres Lebens…

Meine Zeit in Gottes Händen

Als könntest du der Zeit zuschauen, wie sie verrinnt: langsam, regelmäßig fließend – und doch so schnell, lautlos sanft – und unaufhaltsam. Du kannst sie nicht festhalten, ihren Lauf nicht umkehren; nur das Umdrehen des Glases läßt dir für einen Moment diese Illusion. Und vielleicht noch die andere: daß du die Zeit in deinen Händen hältst.
Nein, du kannst sie nicht festhalten. Du mußt es auch nicht. Es wäre nicht nur töricht, das zu wollen, sondern auch tödlich. Wie denn: deine Zeit, dein Leben in deiner eigenen, kleinen, schwachen Hand? Du selbst dein eigenes Schicksal? Und gar das Geschick der Welt, ihr Dasein in Raum und Zeit? Wie vermessen das wäre? Schon Hiob hat sich daran die Zähne ausgebissen und sich fragen lassen müssen: „Wo warst du, als ich die Erde gründete?... Hast du zu deiner Zeit dem Morgen geboten und der Morgenröte ihren Ort gezeigt –? Bist du zu den Quellen des Meeres gekommen und auf dem Grund der Tiefe gewandelt?... Welches ist der Weg dahin, wo das Licht wohnt, und welches ist die Stätte der Finsternis –?... Kannst du die Bande des Siebengestirns zusammenbinden oder den Gürtel des Orion auflösen?... Kannst du Blitze aussenden –?... Kannst du dem Roß Kräfte geben oder seinen Hals zieren mit einer Mähne?“
Hiob mußte klein beigeben: „Siehe, ich bin zu gering, was soll ich antworten? Ich will meine Hand auf meinen Mund legen... Ich

hatte von dir nur vom Hörensagen vernommen; aber nun hat mein Auge dich gesehen."
Gottes Zeit und meine Zeit – so unvergleichbar wie Gott und ich. Meine Zeit ist umschlossen von der seinen wie mein Leben von ihm. Darum sei demütig, wie Hiob es war, und sprich mit dem Beter eines der Psalmen: „Meine Zeit steht in deinen Händen." Dann wird deine Seele Geborgenheit spüren, und du kannst ohne Angst die Zeit loslassen, die du festhalten wolltest. Du weißt ja: es ist im Tiefsten nur deine Zeit, weil sie aus Gottes Zeit quillt und wieder darin einmündet wie in ein großes Meer.

Der du allein der Ewge heißt
und Anfang, Ziel und Mitte weißt
im Fluge unsrer Zeiten:
bleib du uns gnädig zugewandt
und führe uns an deiner Hand,
damit wir sicher schreiten.

Jochen Klepper 1938

Eile mit Weile

Erst Peter Henlein – das „Nürnberger Ei“ – machte es möglich, die Zeit gleichsam mit sich herumzutragen. Jederzeit kannst du wissen, wie spät es ist. (Weshalb sagt man eigentlich nicht: wie früh es ist? Woher diese negative Schau?) Du läßt dich an die Zeit erinnern, die abgelaufene und die kommende, und wirst der rasch verstreichenden Gegenwart inne. Und vielleicht entringt sich dir der alte Seufzer: Wie schnell doch die Zeit vergeht!
Einen Moment, bitte! Das Zeitgefühl, woher kommt es eigentlich? Als Kinder hatten wir es noch nicht. Da war, zeit-unbewußt, in jedem Augenblick das Ganze des Lebens Gegenwart, mit seiner Freude und seiner Trauer, noch spielendes, verspieltes Leben. Den Glücklichen schlägt keine Stunde!
Je dichter wir jedoch das Leben er-leben, desto rascher verstreicht die Zeit. Das Gegenwarts-Bewußtsein, das immer gedrängtere Nutzen der Zeit: es läßt das Gefühl sich abnutzen für das, was in der Zeit geschenkt ist. Eile löst die Muße ab. Und wir haben keine Zeit mehr für das gemächliche Erinnern, die Rückschau auf den Tag, die Woche, das Jahr. Der Verlust des Abends durchs Fernsehen und des Sonntags – ohne Gottesdienst – tragen dazu bei.
Darum: Eile mit Weile! Als Gott die Zeit erschuf, war von Eile keine Rede! Jedes Maßhalten im Leben fängt an mit dem Einteilen – auch bei der Zeit. Öfter einmal innehalten, möglichst regelmäßig zu bestimmten Zeiten, hilft aus dem Galopp in den Trab zu

kommen und womöglich aus dem Trab in den Tritt. Vielleicht nützt es schon, etwas weniger auf die Armbanduhr zu schauen. Oder sie, zur Übung, einmal für zwei Tage nicht anzulegen. Versuchen wir sensibler zu werden für den Rhythmus des Tages, für die eigene Zeit – und die der anderen.

Sprich Ja zu meinen Taten,
hilf selbst das Beste raten.
Den Anfang, Mitt' und Ende,
ach Herr, zum Besten wende.

Paul Gerhardt 1647

Geteilte Zeit – doppelte Zeit

„Haben Sie noch vor Ihrem Urlaub etwas Zeit für mich?" fragte der Mitarbeiter seine Abteilungsleiterin. Ihre Antwort: „Wissen Sie, ich habe niemals Zeit, und darum habe ich immer Zeit." Ein kluger Satz, halb resignierend im Zeitgedränge, halb lockermutig, sich vom Arbeitspensum nicht erdrücken zu lassen. Jedenfalls, der Mitarbeiter bekam seine Zeit. Sie gab ihm ihre Zeit. Beider Zeiten überlappten sich. Begegnung heißt: gleichzeitig da sein füreinander. Auch gleich-räumig, es sei denn, man telefoniert miteinander.

Das Ganze ergibt eine seltsame Rechenkunst: geteilte Zeit verringert sich nicht. Auch hier ist es wie mit dem Leben, das sich durch Teilung unserer Zellen vermehrt. Du gibst mir deine Zeit, ich dir die meine, und doch erlebt jeder die seine. Aber eben nicht allein. Und da die alte Regel stimmt: Geben ist seliger denn Nehmen, bist du – bin ich schon – durch das eigene Geben beschenkt, ehe wir voneinander die Zeit empfangen.

Doch damit es nicht zum schäbigen Handel verkommt, dieses „Ich gebe, damit du gibst", bleibt ein Risiko darin erhalten: Wir beide wissen nicht, ob die Begegnung gelingt. Geben geschieht ja immer im Hoffen. Und Geben ist immer ein Stück Abschied vom Eigenen, ist Aussaat und, wie das Ausgesäte, dem Sterben anheimgegeben – in Hoffnung auf eine Ernte. „Die mit Tränen säen, werden mit Freuden ernten", sagt ein Psalm. Was ich fortgebe, stirbt und wird zu neuem Leben erschaffen. So also ist die bewußt und in Liebe geteilte Zeit eine in Wahrheit nicht verlorene sondern gewonnene Zeit. Eine Gabe, die wachsen und Furcht tragen kann in dir und mir. Denn was wir in ihr einander mit-teilen, mag sich auch auf andere auswirken – als Segen, den wir erst viel später zu erkennen vermögen. So erinnert das Teilen der Zeit an jene wunderbare Vermehrung von Brot und Fischen, als Jesus die Menge der Hungernden speisen ließ: die Liebe als Gottes Rechen-Exempel, die das Geteilte vermehrt, so daß alle satt werden und sogar noch Überfluß bleibt...

Schenk uns Zeit

Musik: D. Jöcker, Text: R. Krenzer

Pünktlich sein

„Sei nur ja pünktlich!" hat man uns eingeschärft. Zum alten Dreiklang von Treue, Fleiß und Ehrlichkeit kam die Pünktlichkeit (neben der Genauigkeit) als Tugend des Industriezeitalters. Es hieß dann bald: Pünktlichkeit ist die Höflichkeit der Könige. Aber wann immer sie zu spät kamen, hatten natürlich wichtige Staatsgeschäfte sie aufgehalten. Bei den Untertanen wurde solche Nachsicht nicht geübt; sie wurden bestraft oder sogar entlassen.

Doch Pünktlichkeit hat auch etwas Gutes. Die Hausfrau, die lange am Kochtopf gestanden hat, ärgert sich, wenn der Mann oder die Kinder zu spät kommen und das Essen verkocht oder angebrannt oder kalt ist. Der Geschäftsmann beklagt sich, wenn der Zug nicht pünktlich abfährt und er deshalb den Anschluß verpaßt. Fahrpläne sind, wie Tagespläne in einer Familie, Zusagen, die eingehalten werden müssen, – höhere Gewalt ausgenommen. Wer seine Verabredung nicht einhält, dem traut man bald nicht mehr. Unpünktlichkeit ist, so hart das klingen mag, der Lüge verwandt: ein Vertrauensbruch mit all seinen Folgen.

Ja noch mehr: sie ist, genau genommen, Diebstahl an Zeit. Indem ich andere warten lasse, verfüge ich über etwas, was mir nicht gehört: über die Zeit der anderen. Ich stehle ihnen die Zeit, wenigstens einen Teil davon. Glück für mich, wenn sie mit der verlorenen Zeit etwas anderes anfangen können, und Glück für sie, wenn sie's auch tun. Aber eines Stücks der Freiheit, die wir

Gleis
8
Abfahrt 13 28
D Schnellzug
Büchen
Schwanheide
Berlin Stadtbahn
Für Ihr Gepäck
nur zur Benutzung
im Bahnhof

beim Verabreden freiwillig aufgegeben haben, beraube ich sie noch nachträglich.
Vielleicht ist es darum gut, daß man sich gegenseitig seltener – und nur wenn's unumgänglich scheint – auf Pünktlichkeit verpflichtet. „So zwischen zwei und halb drei" oder „so bummelig um sieben" – das ist menschlicher, weil wir uns gegenseitig etwas Luft lassen, einen kleinen Spielraum, um hinterher nicht Ausreden oder dicke Lügen erfinden zu müssen.
Es gibt schon genug Termine, die uns zum Pünktlichsein verpflichten.
Auch beim Verabreden gilt also die alte Weisheit: daß wir einander möglichst weder unterfordern noch überfordern sollten.

Gib, daß ich tu mit Fleiß, was mir zu tun gebühret,
wozu mich dein Befehl in meinem Stande führet.
Gib, daß ichs tue bald, zu der Zeit, da ich soll,
und wenn ichs tu, so gib, daß es gerate wohl.

Johann Heermann 1630

Morgenstund' und Müßiggang

„Morgenstund' ist aller Laster Anfang" – und „Müßiggang hat Gold im Mund'". Der schelmische „Umtausch" beider Sprichwörter mag unverschämt frech sein, – aber nicht ohne tieferen Hintersinn. Zielte doch ihre alte Fassung darauf, den Menschen zu fleißiger Arbeit, möglichst von früh bis spät, anzuhalten. Unablässig schaffen – eine Tugend; Faulheit – eines der Erzlaster!

„Ohne Fleiß kein Preis", gewiß, gewiß. „Wer rastet, der rostet", auch das ist wahr. Aber alles doch in Grenzen und mit Maßen! Sonst bringt uns am Ende die eigene Arbeit noch um. Der Mensch ist nicht dazu geschaffen, sich selbst, seinen Leib und seine Seele bis zum letzten auszubeuten. Nicht nur, daß es sich in Gestalt zeitraubender Krankheiten oftmals rächt. Es führt auch fast zwangsläufig dazu, ebenso andere Menschen und die Natur auszubeuten und auszupressen. „Was hilft es dem Menschen, wenn er die ganze Welt gewinnt, aber dabei sein Leben einbüßt", sagt Jesus. Arbeit und Fleiß können auch Sünde und sogar selbstmörderisch sein.

Die antike Regel „Nütze den Tag" und das biblische „Kaufet die Zeit aus" wollten nicht zum dauernden Schuften anstiften. Sinnvolles Anwenden der Zeit bestand schon immer im Wechsel zwischen Tun und Ruhen, Arbeit und Muße. Und die biblische Ordnung des Sabbath, der „schöpferischen Ruhe Gottes", zielt ja auf solchen sinnvollen Lebensrhythmus.

Nicht umsonst läßt Goethe im Gedicht „Der Schatzgräber" dem nach Reichtum Gierenden, der einen Pakt mit dem Teufel schloß, aus dem Munde einer knabenhaften Lichtgestalt empfehlen:

Tages Arbeit, abends Gäste,
saure Wochen, frohe Feste
sei dein künftig Zauberwort.

Man sollte darum mit Genuß auch faul sein können und die Beine baumeln lassen. Nur so stellt sich auch wieder Gelassenheit mit den Unbilden des Daseins ein – und jene Offenheit, ohne die kein Mensch die Gnade und die guten Eingebungen Gottes empfangen kann. Man teste es einmal, wieviel Schönes und Wichtiges einem in Stunden der Muße so einfällt. Manchmal weit mehr als in vielen von Streß und Hast geprägten Tagen.

Wenn der Herr nicht das Haus baut,
so arbeiten umsonst, die daran bauen.
Wenn der Herr nicht die Stadt behütet,
so wacht der Wächter umsonst.

Es ist umsonst, daß ihr früh aufsteht
und hernach lange sitzet
und esset euer Brot mit Sorgen;
denn seinen Freunden gibt er es im Schlaf.

Psalm 127

Keine Zeit, kein Leben

Oben in der Ecke des Bildschirms rasen die Ziffern in atemberaubenden Tempo hintereinander her wie die Läufer auf der Aschenbahn. Halt! Zwischenzeit, darunter gleich eingeblendet die Weltrekordzeit des letzten Meisters. Und weiter, weiter dem Ziel entgegen! Die Ziffern überschlagen sich förmlich, Zehntel, Hundertstel, das Auge kann nicht mehr folgen. Zeitwirbel, Beinwirbel, Menschenwirbel und Schluß. Die Zeit steht wie abgehackt. Neuer Weltrekord! Jubel der Massen. Abgekämpfte Athleten. Händeschütteln der Trainer. Triumpf und Enttäuschung. Schnappschießende Kameras.
Die besten Zeiten sind hier die kürzesten. Was länger währt, ist niemals gut. Das kann man vergessen. Nur die ersten zählen. Wer danach kommt, ist „out".
Das Leben – hier zusammengepreßt auf kleinste Momente. Monatelanges Training, in Sekunden am Ziel oder verspielt. Alles oder nichts. Noch mehr Punkte – oder ausgepunktet. Und eine Welt schaut zu, die nach Milliarden zählt. Der nächste Lauf. Wieder rennen die Ziffern dem Auge davon, Zeitraffer, Zeitzerstörer, Sinnzerhacker. Da – plötzlich verwackelt das Bild und ist weg. „Wir haben eine technische Störung. Wir bitten um etwas Geduld." Steht da! Nanu? Alles vorbei wie ein Spuk? Was nun? Da ist ja wieder Zeit mit einem Mal. Und was fängt die Welt damit an?
Wem jagen die Sportler hinterher? Hinter der Zeit, dem Rekord,

dem Ruhm, – hinter den anderen oder, am Ende, hinter sich selbst? Ist das Ziel wirklich ein Ziel oder nur willkürlich errichtete Illusion, das runde Edelmetall, Gold, Silber, Bronze, geprägte Münzen wie das Geld, das sie dem Träger daheim verheißen –?
Sie sind die Spitze des Eisbergs, der sichtbare Gipfel unser aller, zusammengezogen in der Arena, die nur ein Abbild des riesigen Runds der Weltbühne darstellt. Und sie faszinieren uns, weil wir ein Teil sind von ihnen und sie von uns: mit dem Streben nach oben, zum Licht, zum Anerkannt-sein, zum Überdauern des Ichs jenseits des Todes. So feiern wir alle den Sieg, das Überleben des Stärksten – und vergessen, daß nur die Liebe stärker ist als der Tod.

Liebe, die du Kraft und Leben,
Licht und Wahrheit, Geist und Wort,
Liebe, sie sich ganz ergeben
mir zum Heil und Seelenhort:
Liebe, dir ergeb ich mich,
dein zu bleiben ewiglich.

Unbekannter Dichter, Frankfurt/Main 1695

Was die Uhr geschlagen hat

Einst bedeutete die Rathausuhr (wie die Kirchturmuhr) für eine Stadt die Normalzeit. Nach ihr wurden die Stadttore geöffnet und geschlossen, die spärlichen Straßenlichter gelöscht, Ratsversammlungen gehalten, der Markt begonnen und beendet und die tägliche Arbeitszeit geregelt, „des Dienstes ewig gleich gestellte Uhr“ (Schiller). Und wenn es ein Glockenspiel gab, so hieß wohl das beliebteste Lied: „Üb’ immer Treu und Redlichkeit bis an dein kühles Grab...“

Zeit war seinerzeit fast nie private Zeit. Die Lebensverhältnisse waren überschaubar, durchschaubar, die Pflichten und Sitten nach Stand und Familie geregelt. Der Lebensrhythmus der Stadt, noch ähnlich dem des Dorfes, naturnah durch Tag und Nacht, Jahreszeit und Klima bestimmt und, nicht zuletzt, durch kirchliche wie weltliche Feste. Alle hatten ihren festen Platz im Gesellschaftsgefüge und wußten durch Tradition und Erziehung, wie sie sich zu kleiden und zu verhalten hatten. Und des abends machte der Nachtwächter, wenn er die Lichter löschte, seine Runde: „Hört ihr Leute, laßt euch sagen, unsre Uhr hat acht geschlagen...“

Eine Idylle? Gewiß nicht, wenn man an die sozialen und hygienischen Verhältnisse jener Epochen denkt. Dennoch mag die Skizze an Verlorenes erinnern, das zurückzugewinnen der Mühe wert wäre, um unser Leben menschenfreundlicher zu gestalten: Zum Beispiel, daß in überschaubaren Verhältnissen

die Gesichter, die Schicksale nicht anonym bleiben, sondern die Freude und der Kummer, das Glück und die Schuld einen Namen haben und dadurch das Mitleben und Mitleiden erst möglich wird. Ja, daß auch das Sterben, diese wichtige Phase des Lebens, nicht in die Einsamkeit fremder Räume verbannt wird. Daß die Lebensrhythmen von Schlafen und Wachen, Arbeit und Feierabend, Werktag und Feiertag der natürlichen Umwelt sinnvoller angepaßt sind und gemächlicher verlaufen.
Nicht zuletzt: daß Privat- und Arbeitsleben nicht derart auseinanderfallen wie im Industriezeitalter und der Mensch sich dadurch selbst entfremdet wird. Und daß Privat-Zeit und öffentliche Zeit, das Ineinander von persönlicher Pflicht und Verantwortung für das Gemeinwesen wieder bewußter wahrgenommen werden. Die Uhr auf dem Rathaus, als Zeitansage längst überholt, könnte zu all diesem eine gute Mahnung aus der Vergangenheit sein.

Ach Hüter unsres Lebens, fürwahr, es ist vergebens
mit unserm Tun und Machen, wo nicht dein Augen wachen.

Sprich deinen milden Segen zu allen unsern Wegen,
laß Großen und auch Kleinen die Gnadensonne scheinen.

Paul Gerhardt 1653

Zehn Freiheiten beim Umgang mit der Zeit

Das beste an der Zeit ist: daß sie verfügbar bleibt, solange sie vor einem liegt. Das schlechteste: daß man sie, wenn sie vorüber ist, nie mehr zurückholen kann. Unsere Zeit ist uns zugemessen. Man kann sie sehen wie ein Gefäß, das sich so oder so füllen aber auch leerhalten läßt. Hinter mir wird es ausgegossen in das Meer des Vergangenen. Doch was darin war, wird zuvor geprüft und „aufgezeichnet im Buch des Lebens" (das biblische Bild für Gottes Gedächtnis).

Deshalb kommt es auf einen verantwortlichen Umgang mit der verfügbaren Zeit an. Hierzu, als kleine Hilfe, zehn Hinweise:

1. Streiche den Satz „Ich habe keine Zeit" aus deinem Wortschatz. Er ist Lüge, Selbstbetrug und Sünde. Sei ehrlich und sage: „Ich habe dafür keine Zeit." Und dann frage dich, weshalb.
2. Ersetze, wo immer du kannst, Zeit für Sachen, Vorgänge, Dinge durch Zeit für Menschen, Hinhören, Gespräche, persönliche Briefe.
3. Überlege, was du leisten kannst, und habe Mut, nein zu sagen: zu Aufgaben, aber auch zu Menschen, wenn es zu viele werden. Andere brauchen dich, aber du bist ihnen nichts, wenn du nicht mehr du selber bist.
4. Teile deine Zeit ein, aber laß die Zeiteinteilung nicht zum Gesetz werden. Laß doppelt so viel Zeitraum im Kalender frei, wie du Termine einträgst. Sonst hat der unter die Räuber fiel, bei dir keine Chance.

5. Nimm dir morgens und abends stille Zeit, für Gott, für dich, für Gedanken an andere. (Die Betglocke vom Kirchturm kann eine Hilfe dafür sein.)

6. Überprüfe ab und an das Zeit/Kraft/Ziel-Verhältnis: wieviel Kraft in wieviel Zeit du für welche Aufgaben und Ziele verwendest. Eine Zwischenbilanz ohne Erfolgszwänge – aber womöglich mit Konsequenzen.

7. Es gibt Zeit-Diebe. Laß dir von ihnen nicht deine Zeit stehlen. Tust du es aber, so überprüfe deine Motive. Und – sei selber kein Zeit-Dieb!

8. Versuche, nötige Termine – Treffen, Sitzungen, Tagungen, Reisen – möglichst hintereinanderzuschalten. Sinnvolle Zeit-Ökonomie ist ein Geheimnis der Nichtgestreßten.

9. Wenn du merkst, daß du arbeitssüchtig bist: entziehe dir um deiner selbst willen Arbeit, oder laß sie dir entziehen, damit du wieder frei wirst für dich und andere. Leben unter Zeit-Druck ist unterdrücktes Leben.

10. Nimm dir jetzt fünf Minuten Zeit, die neun Punkte durchzugehen, kreuze an, wo etwas zu ändern ist, und ergänze hier, was dir wichtig ist: __________

Die Uhr ist nicht abgelaufen

Ein altes Bild für das Lebensende, von der ausgelaufenen Sanduhr übernommen, auf die mechanische übertragen: „Die Uhr ist abgelaufen“. Aber es gilt nur für solche, die ohne Gott leben wollen. Die ihn kennen, vertrauen auf das Wort aus dem großen 90. Psalm: „Der du die Menschen lässest sterben und sprichst: kommt wieder, Menschenkinder!“ Für sie ist der Tod nicht das Letzte sondern ein Neubeginn – von der Art, wie sie ihn im Leben schon erfahren und erprobt haben: „Ist jemand in Christus, so ist er eine neue Kreatur; das Alte ist vergangen, siehe, Neues ist geworden!“
Manchen mag es unglaublich klingen, aber: ein Leben ohne Gott ist, als sei man zu Lebzeiten schon tot. Wem der Himmel verschlossen scheint, der hat keine andere Hoffnung als auf die kurze Zeitspanne des Lebens und muß deshalb alles um jeden Preis hier erreichen. Welcher Zwang, welche Zukunftslosigkeit und welche Armseligkeit!
Dagegen – welcher befreiende Blick für das Dasein, weit über das eigene hinaus, etwa in dem Christus-Wort: „Wer mein Wort hört und glaubt dem, der mich gesandt hat, der hat das ewige Leben und kommt nicht in das Gericht, sondern ist vom Tode zum Leben hindurchgedrungen.“
Ewigkeit ist also nicht einfach „die Zeit nach unserer Zeit“ sondern, gleichsam quer zu unserer und zu jeder Zeit, die Gegenwart Gottes. In dieser Gegenwart bewußt zu leben, heißt:

die Zukunft ist schon gewonnen, sie ist bereits vorweggenommen, ja Ewigkeit ist schon da, mitten in der Zeit.
Deshalb kann es, bei aller Trauer des Abschieds, für Christen den starken Trost geben, wie ihn der Kirchenvater Hieronymus – er lebte 331 bis 420 – einst formulierte: „Wir wollen nicht trauern, daß wir sie verloren haben, sondern dankbar sein dafür, daß wir sie gehabt haben – ja, auch jetzt noch besitzen; denn wer heimkehrt zum Herrn, bleibt in der Gemeinschaft der Gottesfamilie und ist nur vorausgegangen."
Das Bild der Familie Gottes, die alle im Glauben Lebenden und Entschlafenden umfaßt, ist dem anderen eng verwandt: Christen erfreuen sich immer einer doppelten Heimat, der irdischen und – jetzt schon, doch unsichtbar – der himmlischen, das heißt der im Lichte Gottes. Sie verlassen die eine nur, um in die andere ganz einzugehen. Diesen Trost kann ihnen niemand nehmen.

Ein Tag, der sagt dem andern,
mein Leben sei ein Wandern
zur großen Ewigkeit.
O Ewigkeit, so schöne,
mein Herz an dich gewöhne.
Mein Heim ist nicht in dieser Zeit.

Gerhard Tersteegen 1745

Alles hat seine Zeit

Ein jegliches hat seine Zeit, und alles Vorhaben unter dem Himmel hat seine Stunde: geboren werden hat seine Zeit, sterben hat seine Zeit; pflanzen hat seine Zeit, ausreißen, was gepflanzt ist, hat seine Zeit; töten hat seine Zeit; heilen hat seine Zeit; abbrechen hat seine Zeit; bauen hat seine Zeit; weinen hat seine Zeit; lachen hat seine Zeit; klagen hat seine Zeit, tanzen hat seine Zeit; Steine wegwerfen hat seine Zeit, Steine sammeln hat seine Zeit; herzen hat seine Zeit, aufhören zu herzen hat seine Zeit; suchen hat seine Zeit, verlieren hat seine Zeit; behalten hat seine Zeit, wegwerfen hat seine Zeit; zerreißen hat seine Zeit, zunähen hat seine Zeit; schweigen hat seine Zeit, reden hat seine Zeit; lieben hat seine Zeit, hassen hat seine Zeit; Streit hat seine Zeit, Friede hat seine Zeit.
Man mühe sich ab, wie man will, so hat man keinen Gewinn davon. Ich sah die Arbeit, die Gott den Menschen gegeben hat, daß sie sich damit plagen. Er hat alles schön gemacht zu seiner Zeit, auch hat er die Ewigkeit in ihr Herz gelegt; nur daß der Mensch nicht ergründen kann das Werk, das Gott tut, weder Anfang noch Ende.

Der Prediger Salomo

René Leudesdorff ist Pastor der Kirchengemeinden Fahretoft und Dagebüll an der Westküste Nordfrieslands und freier Publizist.

Textnachweis:
S. 12: Das Lied „Schenk uns Zeit" wurde entnommen aus dem Titel „Solange die Erde lebt", (Kassette und Liedheft) Kopier- und Verlagsrechte beim MENSCHEN-KINDER-Verlag, 4400 Münster.

Bildnachweis:
S. 5: Die Abbildung zeigt eine Sanduhr auf der Kanzel der Kirche zu Neuenfelde im Alten Land bei Hamburg.
Alle Fotos von Claus Harlandt, Atelier Nordlicht, Henstedt-Ulzburg.

Grafische Gestaltung: Hans-H. Holm, Hamburg
Schrift: Helvetica
Lithos: Hess, Fotosatz GmbH, Hamburg
Herstellung: Offizin Paul Hartung, Hamburg
ISBN 3-7600-0496-2
Best.-Nr. 1 1590-3